FULL SCORE
WSC-18-003
吹奏楽譜＜コンサート／クラシックアレンジ楽譜＞
【参考音源CD付】

歌劇「蝶々夫人」より
ある晴れた日に

作曲：Giacomo Puccini　編曲：天野 正道

WSC-18-003
吹奏楽譜＜コンサート／クラシックアレンジ楽譜＞

歌劇「蝶々夫人」より
ある晴れた日に

作曲：Giacomo Puccini　　編曲：天野 正道

Instrumentation

- Flute 1 ×1
- Flutes 2 & 3 ×2
- Oboes 1 & 2 ×2
- English Horn ×1
- Bassoon 1 ×1
- Bassoon 2 ×1
- E♭ Clarinet ×1
- Solo B♭ Clarinet 1 ×1
- Solo B♭ Clarinet 2 ×1
- B♭ Clarinet 1 ×1
- B♭ Clarinet 2 ×1
- B♭ Clarinet 3 ×1
- Bass Clarinet ×1
- Alto Saxophone 1 ×1
- Alto Saxophone 2 ×1
- Tenor Saxophone ×1
- Baritone Saxophone ×1
- F Horns 1 & 2 ×2
- F Horns 3 & 4 ×2
- Flugelhorns 1 & 2 ×2
- B♭ Trumpet 1 ×1
- B♭ Trumpets 2 & 3 ×2
- Trombones 1 & 2 ×2
- Bass Trombone ×1
- Euphonium ×1
- Tuba ×1
- String Bass ×1
- Harp ×1
- Timpani ×1
- Bass Drum ×1
- Glockenspiel ×1
- Marimba ×1

曲目解説

　長崎を舞台にした、ジャコモ・プッチーニのオペラ「蝶々夫人」の最も有名なアリアの一つである『ある晴れた日に』の吹奏楽用アレンジです。2016年に活水中学校・高等学校吹奏楽部のために書きました。原曲はGes-Durですが、演奏の難易度を考慮してこのアレンジは半音下げたF-Durにしています。その分、若干響きが暗くなりがちですが、管楽器特有の倍音を最大限活用して、響きが原曲よりも暗くならないようにアレンジしています。因みに、全く同じオーケストレーションで原調のGes-Dur版、そして半音上げたG-Dur版も作って演奏しましたが、このF-Dur版が一番良い響きがするということで、この版が採用されました。
　このアレンジはオリジナルの歌をメインとした響きを再現するのではなく、吹奏楽曲として歌が無い編成で成立するようにアレンジしています。ですから「ソロ楽器と吹奏楽」といった発想ではありません。演奏するにあたって、オリジナルのアリアを再現する、という発想は捨てて「美しいメロディーのスローな吹奏楽曲」というスタンスで演奏してみて下さい。とは言え、この時代のイタリアオペラ独特の雰囲気が充分に出るようにアレンジしています。ですから、プッチーニの数々の作品を熟知するという事は演奏するに当たって必要不可欠な事となります。

(by 天野 正道)

編曲者プロフィール：天野 正道　*Masamicz Amano*

　映像音楽、現代音楽、歌謡曲、Jazz、演歌から吹奏楽まで節操無く書く作曲家、指揮者。自作曲だけでは飽き足らず他人の作品までずうずうしく指揮する。ヱヴァンゲリヲン新劇場版、ベルセルク、進撃の巨人などでは音楽担当の盟友、鷺巣詩郎氏作品のオーケストレーション、指揮（ロンドン・スタジオ・オーケストラ、ワルシャワ国立フィルハーモニー管弦楽団）を担当。
　ニュー・サウンズ・イン・ブラス2015では故・岩井直溥氏の後を継ぎ指揮、編曲を担当。
　SEGA主催のファンタシースター25周年記念シンパシー2013（東京フィルハーモニー交響楽団 於・日比谷公会堂）続編のシンパシー2015（シンパシー・スペシャル・オーケストラ 於・パシフィコ横浜）で管弦楽作・編曲、指揮を担当。
　第62回国民体育大会、第59回全国植樹祭、第29回国民文化祭の音楽総監督を務めつつ、作・編曲、監修、指揮をする。
　何故か国立音楽大学作曲科首席卒業、同大学大学院作曲科創作専攻を首席修了しており、第23回（おもちゃ）、24回（バトルロワイアル）日本アカデミー賞優秀賞、第10回日本管打・吹奏楽アカデミー賞作・編曲部門などを受賞している。

演奏時間
約4分10秒

難易度
B

歌劇「蝶々夫人」より ある晴れた日に - 5

ご注文について

ウィンズスコアの商品は全国の楽器店、ならびに書店にてお求めになれますが、店頭でのご購入が困難な場合、当社PC&モバイルサイト・FAX・電話からのご注文で、直接ご購入が可能です。

◎当社PCサイトでのご注文方法
http://www.winds-score.com
上記のURLへアクセスし、WEBショップにてご注文ください。

◎FAXでのご注文方法
FAX.03-6809-0594
24時間、ご注文を承ります。当社サイトよりFAXご注文用紙をダウンロードし、印刷、ご記入の上ご送信ください。

◎お電話でのご注文方法
TEL.0120-713-771
営業時間内に電話いただければ、電話にてご注文を承ります。

◎モバイルサイトでのご注文方法
右のQRコードを読み取ってアクセスいただくか、URLを直接ご入力ください。

※この出版物の全部または一部を権利者に無断で複製(コピー)することは、著作権の侵害にあたり、著作権法により罰せられます。

※造本には十分注意しておりますが、万一、落丁・乱丁などの不良品がありましたらお取り替えいたします。また、ご意見・ご感想もホームページより受け付けておりますので、お気軽にお問い合わせください。

MEMO

MEMO

Bassoon 2

歌劇「蝶々夫人」より
ある晴れた日に

Giacomo Puccini 作曲
天野正道 編曲

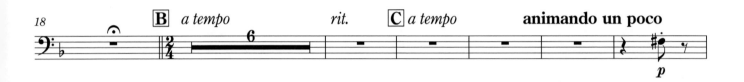

MEMO

F Horns 1&2

歌劇「蝶々夫人」より
ある晴れた日に

Giacomo Puccini 作曲
天野正道 編曲

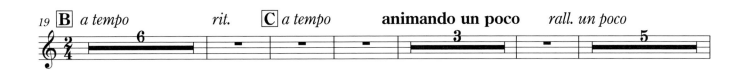
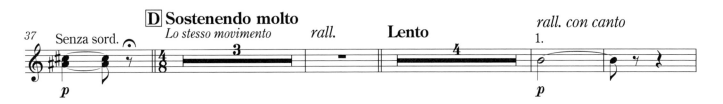

F Horns 1&2

歌劇「蝶々夫人」より
ある晴れた日に

Giacomo Puccini 作曲
天野正道 編曲

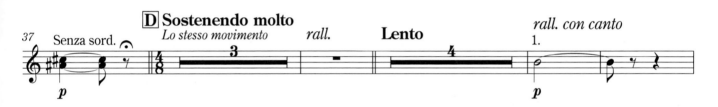

F Horns 3&4

歌劇「蝶々夫人」より
ある晴れた日に

Giacomo Puccini 作曲
天野正道 編曲

F Horns 3&4

歌劇「蝶々夫人」より
ある晴れた日に

Giacomo Puccini 作曲
天野正道 編曲

Flugelhorns 1&2

歌劇「蝶々夫人」より
ある晴れた日に

Giacomo Puccini 作曲
天野正道 編曲

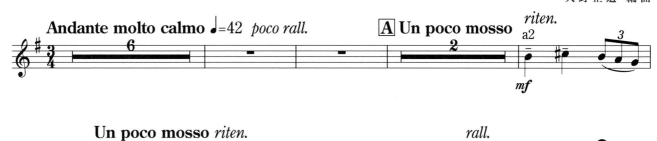

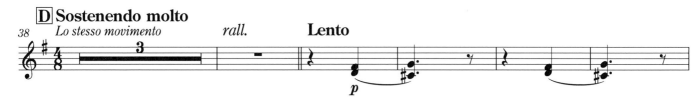

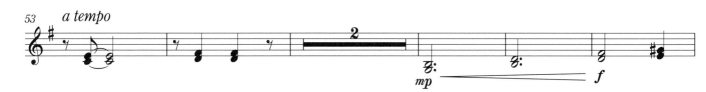

Flugelhorns 1&2

歌劇「蝶々夫人」より
ある晴れた日に

Giacomo Puccini 作曲
天野正道 編曲

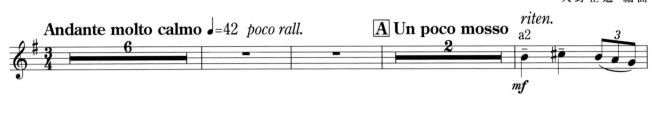

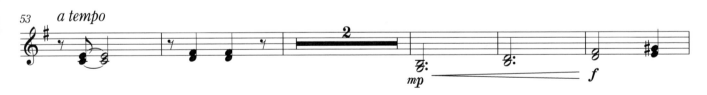

MEMO

ある晴れた日に
歌劇「蝶々夫人」より

Giacomo Puccini 作曲
天野正道 編曲

B♭ Trumpets 2&3

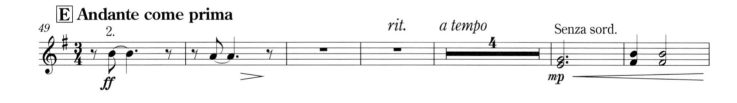

B♭ Trumpets 2&3

歌劇「蝶々夫人」より
ある晴れた日に

Giacomo Puccini 作曲
天野正道 編曲

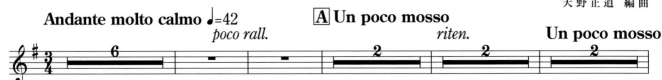

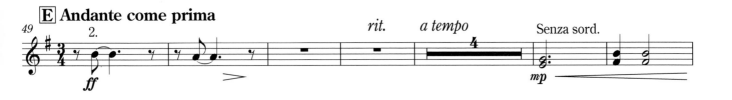

Trombones 1&2

歌劇「蝶々夫人」より
ある晴れた日に

Giacomo Puccini 作曲
天野正道 編曲

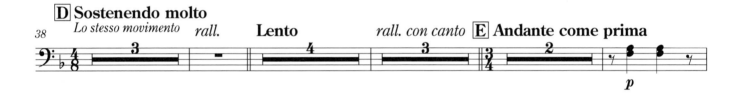

Trombones 1&2

歌劇「蝶々夫人」より
ある晴れた日に

Giacomo Puccini 作曲
天野正道 編曲

Bass Trombone

歌劇「蝶々夫人」より
ある晴れた日に

Giacomo Puccini 作曲
天野正道 編曲

Tuba

歌劇「蝶々夫人」より
ある晴れた日に

Giacomo Puccini 作曲
天野正道 編曲

Tuba

歌劇「蝶々夫人」より
ある晴れた日に

Giacomo Puccini 作曲
天野正道 編曲

String Bass

歌劇「蝶々夫人」より
ある晴れた日に

Giacomo Puccini 作曲
天野正道 編曲

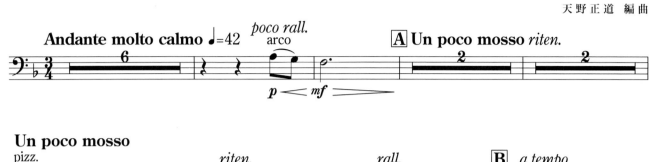

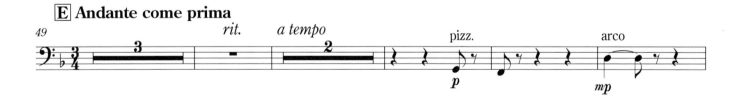

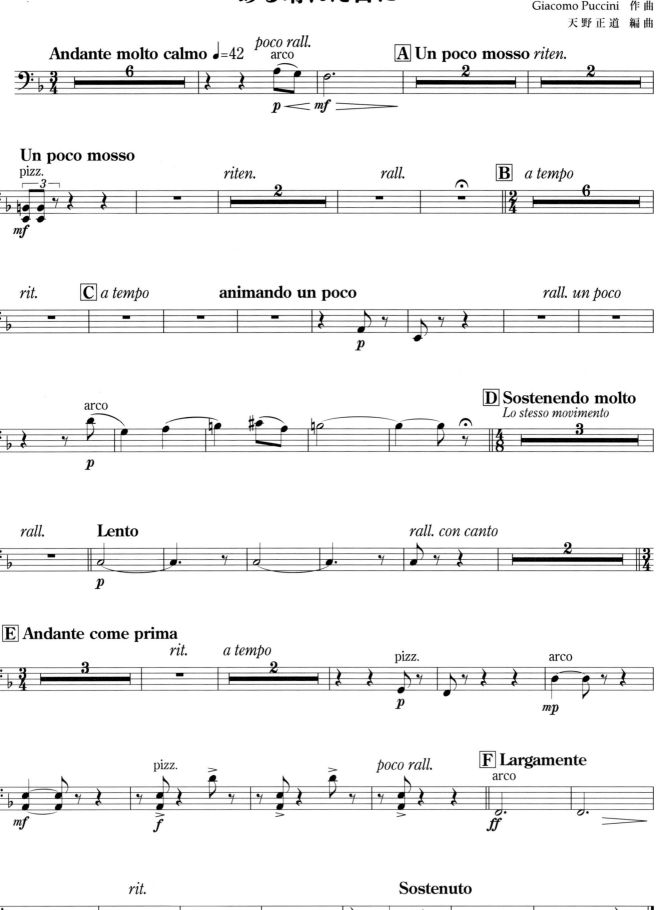

Harp

歌劇「蝶々夫人」より
ある晴れた日に

Giacomo Puccini 作曲
天野正道 編曲

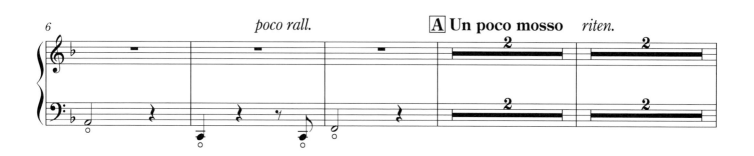

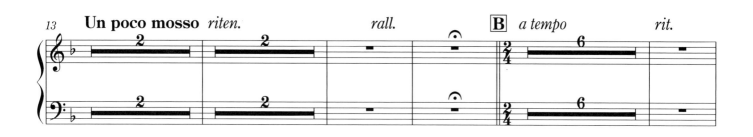

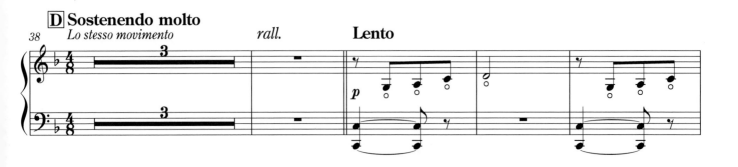
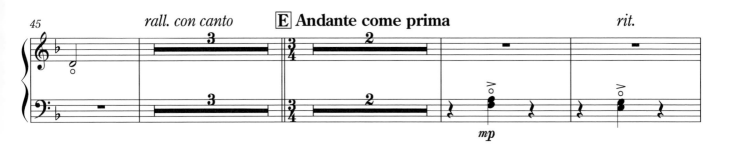

Timpani

歌劇「蝶々夫人」より
ある晴れた日に

Giacomo Puccini 作曲
天野正道 編曲

Bass Drum

歌劇「蝶々夫人」より
ある晴れた日に

Giacomo Puccini 作曲
天野正道 編曲

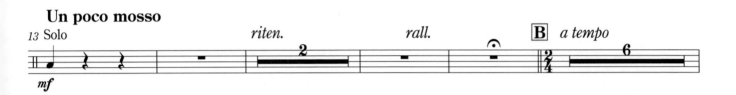

Glockenspiel

歌劇「蝶々夫人」より
ある晴れた日に

Giacomo Puccini 作曲
天野正道 編曲

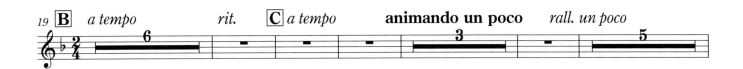

Marimba

歌劇「蝶々夫人」より
ある晴れた日に

Giacomo Puccini 作曲
天野正道 編曲

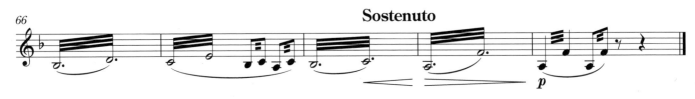